AF346954

LA MERVEILLE DU SIÈCLE

OU

OBSERVATIONS

SUR LA VIE POLITIQUE ET PRIVÉE

DE

CATHARINE II.

L'INCOMPARABLE

IMPERATRICE DE TOUTES LES RUSSIES

TIRÉES D'UNE LETTRE DE MR. LE COMTE DE M***

À MAD. DE ***

————————

1792.

Lettre à Madame de * * *

Vous désirez, Madame, que je Vous envoye des plantes de Sibérie „ & que je Vous parle beaucoup & „ souvent de l'Imperatrice de Russie, „ un peu de sa cour, car toutes di- „ tes Vous se ressemblent, & ne valent „ pas la peine d'être observées; " à ces demandes, je reconnois vos goûts, & votre esprit. Vous aimez la nature & ses variétés, & votre ad- miration, pour les grandes qualités de l'ame, pour les talents supérieurs Vous fait désirer de connoitre plus particuliérement, que par la voix de la renommée, une Souveraine illustre, de pénétrer dans sa vie intérieure & d'y saisir ces détails qui donnent une juste idée des personnes & dévoilent les principes de leurs actions. Je ferai votre commission pour la botanique, & en qualité d'observateur & de moraliste, je tacherai de satisfaire à votre autre demande, autant que ma foible vue à pu distinguer quelques rayons de l'astre que je suis venu observer. Je tacherai comme un autre Suetone, de Vous montrer Catherine, débarassée des habits impériaux. Je n'ignore pas l'interprétation que quelques personnes ont cherché à donner à mon voyage en Russie, mais à cet égard elles ont fait comme TACITE, qui s'égare par sa profondeur même & se trompe quelquefois, en voulant donner aux plus simples actions des motifs de politique.

Je n'ai pas été à Rome pour parler au Pape & au sacré college des affaires du clergé de France, mais pour voir ce que cette ancienne capitale du monde offre de curieux. Le même motif m'a attiré dans le nord, j'ai voulu voir ce que le plus vaste Empire renferme de plus interessant, & pour cette fois, sans tirer à consequence, c'est le souverain que j'ai été empressé de contempler. Ce qui Vous surprendra, Madame, c'est que j'aurois pu aussi y venir, pour voir les célébres loges du Vatican; Sa Majesté a fait copier ces peintures & les a rassemblées dans une galerie à l'abry des injures du tems. Elles sont à Rome dégradées, mutilées, decolorées, & dans le palais de Catherine elles sont entières, & si la perfection du dessin n'est pas tout à fait égale elles l'emportent par la fraicheur du coloris. Vous n'attendez pas, Madame, que je Vous parle des guerres, des victoires, des traités, qui rendront à jamais célèbre le règne de Catherine. Je ne Vous parlerai pas même de sa dernière victoire sur les Turcs, ni de la paix glorieuse, qu'elle est au moment de faire ou plûtôt, d'accorder, sans l'intervention d'aucune puissance. Car je Vous observerai que les préliminaires de la paix viennent d'être signés, avant que le grand Visir ait pu savoir le résultat de la négociation de Mr. Faukner, Ministre d'Angleterre. C'est par un motif pareil à celui qui anime votre curiosité, qu'on désire avoir le portrait d'un grand homme, il arrive même que sans l'avoir vu, l'imagination s'en forme un tableau, & lui donne des traits & une physionomie suivant sa fantaisie. Il n'est rien d'indifférent dans celui qui a fixé l'attention publique, excité l'admiration,

& l'on est avide des plus petits détails qui le concernent. Je crois aussi
que dans la plûpart des hommes, au
sentiment de veneration qui porte à
mettre du prix aux plus petites choses qui ont rapport aux personnages
célèbres, se joint un motif d'amour
propre caché sous cent replis, j'ima-
gine qu'en pénétrant dans leur vie
intérieure on les compare avec soi,
& l'amour propre nous dit que pen-
sant, agissant, sentant comme eux
dans le courant des actions particu-
lières, nous ne serions pas éloignés de
leur ressembler dans les grandes, si
nous étions sur le théatre du monde.
Quand je songe, Madame, que Vous
vous êtes empressée d'acquerir l'é-

critoire & des plumes qui avoient ser-
vi à RICHARDSON, & que Vous les
gardez religieusement, je sens com-
bien Vous devez mettre de prix aux
détails que Vous me demandez & je
voudrois pouvoir Vous envoyer une
des plumes de CATHERINE. Celle de Richardson a fait les delices des cœurs
sensibles, celle de l'Imperatrice a tra-
cée des loix qui font le bonheur de
vint cinq millions d'hommes, celle
de Catherine dans une lettre dont elle m'a honnoré, a écrit ces mots tou-
chants dictés par l'indulgence la plus
éclairée. *Stricte justice n'est pas justi-*
ce, & il n'y a que l'équité qui soit suppor-
table à la foiblesse humaine. Une telle
phrase mériteroit d'être écrite en let-

tres de diamants, dans le Cabinet des Princes. Je vais Vous dire apré-sent, Madame, l'effet qu'a produit sur moi la présence de l'Imperatrice, & je passerai ensuite aux détails que j'ai pu rassembler, ou saisir par moi même. J'ai attendu le moment de lui être présenté dans un grand & magnifique salon, tel qu'on en trouve dans tous les palais des Sou-verains, au milieu d'une foule de courtisans, c'est encore ce qu'on voit partout; la majeure partie est en uniforme, & il en est ainsi dans toutes les cours du nord, mais ce qui m'a frappé, ce qu'on ne trouve qu'en Russie, c'est la variété des costumes, parmi les généraux, sont

des Cosaques, des Turcs, des Géor-
giens, des Tartares, des Circassiens,
en robe, en barbe, sans barbe, &
de cette diversité d'habillements re-
sulte un sentiment de surprise, que
produit l'idée imposante d'une souveraine qui commande à tant de
peuples différents. L'Impératrice a
parue, j'étois à quelque distance de
la porte, par laquelle Sa Majesté
arrivoit, & j'ai eû le tems d'exami-
ner sa demarche & sa contenance.
Elle marche avec gravité & sans af-
fectation, d'autres souverains traver-
sent leurs appartements inondés de
courtisans, sans les regarder, &
comme s'ils passoient devant des
statues, habitués à ne pas se gêner en

leur présence, ils ont la contenance de leur humeur du moment. L'Impératrice porte un regard attentif sur tout ce qui l'environne, on voit qu'elle cherche ceux qu'elle doit distinguer par un coup d'œil de bienveillance, ou par quelques paroles flatteuses, on voit qu'elle sent, qu'elle est en représentation, que tant d'hommes de tout état, des grands, des généraux, ne se pressent pas pour voir une particulière abandonnée à ses idées, mais une souveraine, de qui dépend leur sort & qu'ils ont droit à son attention. On voit dans toute la personne de l'Impératrice la Majesté du rang suprème mais temperée par une expression de bonté à laquelle se joint un calme & une sérénité inexprimable qui m'ont rappellé ce que dit la genese: ,, *Dieu vit* ,, *toutes les choses qu'il avoit faites &* ,, *elles étoient bonnes.* " Il y a dans les yeux de l'Impératrice, cette pénétration que présente le regard de l'aigle, & dans son sourire quelque chose d'enchanteur, ses gestes, sa marche, sa manière, le son de sa voix, sont dans le plus juste accord, elle s'exprime avec une certaine lenteur qui a de la majesté, elle ne cherche pas ce qu'elle dit, mais semble faire paisiblement le choix de ce qu'il y a de plus convenable. Voila, Madame, comment j'ai vu l'Impératrice, toutes les fois qu'elle a parue en public. Le spectacle d'une femme qui gouverne, nouveau pour moi, m'a donné lieu de faire des reflexions sur les effets que produit le pouvoir entre les mains d'une femme, & je me suis souvenu de ce que dit St. Evremont, que *la femme est plus près de la perfection parcequ'il est plus aisé de lui supposer la solidité d'un homme, qu'à celui-ci, les agrémens d'une femme.* Il a peut-être écrit cette phrase galante, sous les yeux de la belle *Hortense,* mais elle n'est pas sans fondement; lors qu'un habile sculpteur a voulu représenter la beauté dans un homme, il n'a pas fait un Hercule, il a fondu ensemble les formes seches & prononcées de l'homme, & celles de la femme, qui ont plus de mollesse, & d'arrondissement. Et le fameux Appollon du Belvedere chef-d'œuvre de la sculpture semble plus près de la femme que de l'homme. J'ai fait aussi une reflexion à ce sujet, c'est que lorsqu'une femme gouverne, il y a beaucoup de bassesses épargnées dans l'apparence, aux courtisans; l'exagération de leur flatterie peut être en partie attribuée à l'habitude de rendre des hommages aux femmes, & à l'admiration qu'inspire la beauté. Cette idée m'a frappée un jour que je me trouvais à une fête superbe que donnoit Mr. le Prince Po-TEMKIN à l'Impératrice. Deux mil-

le personnes y assistoient & circu-
loient dans un palais immense, les
illuminations, les plus brillantes pa-
rures, les diamants, les danses, la
musique, tout concourroit à rappel-
ler dans cette fête l'idée de la lam-
pe merveilleuse & du magnifique
Aboulcasem. Lorsque l'Impératrice
sortit, un chœur fit entendre des
chants Russes en son honneur dans
le goût de celui qui a été si applau-
di à Paris, *chantons célèbrons notre
Reine*, au même instant Mr. le Prince Potemkin ordonnateur de la fête,
possesseur de ce superbe palais, le
prémier homme de l'empire, le plus
opulent; célèbre par des victoires,
en grand uniforme de feldt - maréchal

resplendissant de pierreries , au milieu de ces chants , du bruit harmo-
nieux de trois cent instruments , se
jetta aux pieds de l'Impératrice; je
suppose à la place d'une femme, un
Empereur; cet acte de soumission
profonde n'eut présenté que des idées
de pouvoir suprème & de respect sans
bornes , mais cet hommage adressé à
une Impératrice fait songer à l'empire de la beauté , & toutes les idées de
chevalerie se reveillent & se mêlent
dans l'imagination à celles de la puissance suprème , à des idées de bonté
qui semblent plus particulièrement
attribuées aux femmes , ces chants
que l'on entend deviennent des hym-
nes , un sentiment religieux s'empare

de l'ame, & l'on est prêt à adorer la souveraine, comme une divinité bienfaisante. C'est au reste un usage en Russie de se jetter aux genoux du souverain, lorsqu'on le reçoit dans sa maison, & cet usage tient aux mœurs orientales, qui règnent dans une partie de l'empire. On commençoit autrefois les requêtes en Russie par ces mots très orientaux, *je frappe de mon front la terre.* L'Impératrice a fait supprimer cette formule. Je me suis en apparence écarté de mon sujet, Madame, mais il faut toujours que je mêle aux récits quelques reflexions ; après Vous avoir montré l'Impératrice en représentation, je vais Vous parler plus

particuliérement de sa personne, &
de sa vie habituelle. Appellée au rang
suprême, elle a longtems menée
étant Grande-Duchesse, une vie reti-
rée, elle a eu des chagrins à dévo-
rer, des grandes contradictions à
éprouver, c'est alors que dans la so-
litude, l'Impératrice a refléchi,
exercée sa raison, cultivé son esprit. Montée sur le trône elle a con-
servé le goût du travail, & l'habitude d'occuper son esprit, l'Impératrice
suffit à tous les détails du gouvernement, & trouve encore le tems de
lire des livres instructifs & agréables
dans plusieurs langues, de corres-
pondre avec des gens de lettres, de
converser, de composer des comé-

dies qui ont un but moral & politique, des proverbes ingénieux, & de
se livrer aux amusements de la société; tous ses sujets sont en droit de
lui écrire, & leurs requêtes lui sont
exactement remises, une telle facilité cependant a des bornes, il
est permis d'écrire à Sa Majesté des
provinces & de St. Petersbourg,
dans des cas qui sont fixés. Ses
ministres resident dans cette capitale & c'est à eux qu'il faut
s'adresser, sans quoi l'Impératrice auroit à juger toutes les affaires. Mais si certain tems se passe
sans obtenir justice après avoir présenté trois requêtes, on est fondé à
recourir à la Souveraine. C'est en

route que j'ai eu pour la prémière
fois connoissance de cette forme, si
sagement etablie & voici à quelle
occasion, j'étois dans une auberge à
attendre des chevaux, là se trouvoit
un officier estropié, je lui fis des
questions sur les chemins, il venoit
de Petersbourg, je lui demandai où
il alloit, à Narva, me dit-il, pour
écrire à Sa Majesté, surpris de sa
marche, je lui dis, mais Sa Majesté est à Petersbourg que Vous quit-
tez, alors il m'expliqua la forma-
lité dont je viens de Vous faire
part, & m'ajouta, on m'a fait,
à ce que je crois une injustice, je
me suis arrêté ici pour faire une lettre à la souveraine, que j'enver-

rai de Narva, *elle est très gracieuse*, me dit-il, *notre Souveraine*, en levant les yeux au ciel & s'attendrissant, *&* *elle me rendra justice*, il essuya quelques larmes en achevant ces mots prononcés avec une foi ardente. Ce pauvre boiteux se voyoit déjà en possession de ce qui lui avoit été ou ravi, ou refusé, & moi j'étois dans l'admiration de ses sentimens & de la Souveraine, qui les inspiroit, la journée semble avoir plus de **24** heures pour l'Impératrice. Ce mystere s'explique d'abord par son génie, ensuite par l'esprit d'ordre, & de règle qu'elle possede au suprême dégré. Ce n'est pas en général le tems qui manque aux hommes, mais l'art d'en faire usage. L'Impératrice se leve à six heures, travaille, écrit, lit jusqu'à neuf heures, environ; ses ministres arrivent à cette heure, elle confère avec eux, des affaires, expédie, donne ses ordres, ensuite vient la toilette, & pendant ce tems, on lui amène ses petits enfans & elle s'entretient avec eux, de leurs études; ensuite le diner, qui est très court, à trois heures environ l'Impératrice rentre chez elle, on dit qu'elle y dort un quart d'heure, soit que le climat l'exige, ou que la nature ait besoin de cette réparation, elle n'est pas longue, car je me rappelle d'avoir été appellé par Sa Majesté, vingt minutes au plus après qu'elle étoit rentrée dans ses appartemens. Elle lit, écrit ensuite & la correspondance de sa main est très considérable; à six heures environ, elle voit la société qu'elle s'est choisie, va quelquefois à la comédie dans l'intérieur de son palais, ensuite rentre chez elle, & se couche de très bonne heure. Rien ne dérange cet ordre établi, au moyen duquel l'Impératrice donne à la lecture ou au travail, environ huit heures par jour. Il est aisé de juger de sa facilité à saisir tous les objets soit de politique, soit d'administration intérieure, quand on songe qu'elle joint à la pénétration la plus vive, une grande habitude d'affaires de tout genre, & beaucoup d'instruction. L'Impératrice a étudié profondement l'histoire, & surtout celle de Russie, tout ce qui concerne la nation Russe lui est cher, & la langue Russe deviendroit universelle, si cela etoit en son pouvoir. Le rapport des diverses langues & l'étymologie des mots, a fixé aussi particuliérement son attention, ce n'est point une vaine curiosité, que celle qui porte à s'occuper des rapports des langues, & il n'est point de travail qui puisse jetter un plus grand jour sur l'histoire, que celui qui feroit remonter à une langue primitive c'est ainsi, Madame, que l'Impératrice employe le tems qui peze tant à la plûpart des princes blazés, par la multitude des jouissances. Vous attendez à présent que je vous parle de son caractère & de son esprit, il y a dans sa conversation & ses idées une grande solidité, & il y règne en même tems un ton de gaieté, attribut de la supériorité d'un esprit qui n'est point dominé par les circonstances. Il y a quelque chose d'arrêté dans ses opinions, qui prouve que l'expérience & la reflexion ont gravé dans son esprit des resultats sur presque tous les objets, elle se plait à attribuer beaucoup de ses succès au hazard, & par un effet de sa modestie, & parceque l'expérience & l'étude de l'histoire lui ont apris toute l'influence qu'il a dans les affaires. L'ame de Catherine est à la hauteur de la suprême élévation de son rang & une fermeté inébranlable, caractérise ses resolutions. Son esprit est orné, & la qualité qui le distingue, est le discernement, est le don de saisir le point essentiel des affaires, d'apprecier le caractère, & les talens de ceux qu'elle employe.

Sa magnificence & ses libéralités paroissent sans mesure: dans les tems de guerre, elle met des bornes à l'une & ne suspend point les autres, elle fait la guerre sans mettre d'impôts, & sans économiser

sur les recompenses, enfin elle ajou-
te encore à ses liberalités , par des
tournures ingénieuses, qui flattent
d'autant plus , qu'elle paroît avoir
consulté les goûts & les sentiments
de ceux à qui elle fait un don. L'Impératrice a pour maxime, qu'*il faut
reprimander en particulier et louer pu-
bliquement*, par ce moyen, elle mé-
nage la sensibilité de l'amour propre
& ne préjudicie pas à la considéra-
tion publique de ceux qui ont fait
quelque faute. Jamais la précipita-
tion ne l'entraîne, elle sait attendre
& choisir le moment favorable, ce
qui fait qu'elle réussit dans des entre-
prises où les autres échouent. C'est
ainsi, que sans produire de secousse,

sans éprouver de resistance, l'Impératrice a réuni à la couronne les biens immenses & superflus dont jouissoit le clergé, tandis que Joseph II a mis tout le Brabant en combustion pour parvenir au même but. Je crois, Madame, avoir satisfait en partie à ce que vous m'avez demandé; il faudroit écrire l'histoire de *Catherine II*, pour Vous donner une idée complette de cette illustre souveraine. Les bontés dont elle m'a honnoré Vous porteront peut-être à croire que l'enthousiasme a quelquefois conduit ma plume, & les justes éloges que je fais de *Catherine II*, Vous rappelleront Madame *de Sevigné* qui dans l'enchantement, de ce que Louis XIV lui avoit parlé, le trouvit un si grand monarque. Pour écarter ce soupçon de partialité, je vais faire, Madame, une supposition. Un étranger arrive à St. Petersbourg & visite ce que cette capitale offre d'intéressant. Il se rend à l'academie, on lui fait voir la représentation du Czar Pierre en cire, ses pistolets, son sabre, son chapeau percé de plusieures balles à Pultava, restes précieux des dépouilles d'un grand homme, conservés avec une vénération religieuse. On ouvre ensuite un armoire, & on lui montre un volume in-folio qui contient une instruction pour la rédaction d'un code civil & criminel, où sont developpés les principes du gouvernement & de la justice distributive, & ce volume est composé *par Catherine II*, il est écrit en entier de sa main & raturé en divers endroits. Cet étranger va le soir à la comédie & entend une piece en langue russe, dont on lui explique le sujet ingénieux & plaisant, & qui a un but d'utilité pour la nation, il demande l'auteur & c'est *Catherine II.* L'étranger va le lendemain dans une église, il y voit de très beaux ornemens brodés à l'aiguille, & celui qui les montre lui dit avec un sentiment d'admiration: *c'est le travail de la souveraine.* Enfin il trouve dans une bibliotheque un ouvrage en deux vo-

lumes in-4° sur la langue slavonne
& russe, & c'est encore l'Impératrice
qui a fait ce glossaire qui feroit honneur aux Du Cange & aux Court de
Gebelin; des édifices publics, des
établissements utiles, de sages règle-
mens font honneur à un souverain,
mais souvent l'inscription qui con-
sacre sa gloire, n'est que comme la
datte de l'année, & ses ministres
ont tout imaginé, ont tout dirigé, il
n'en est pas de même, Madame,
de ce que je viens de Vous dire, tout
émane de l'Impératrice & à cet
égard l'envie ne peut rien lui ôter,
& la flatterie rien lui prêter. — L'é-
tonnement & l'admiration de cet
étranger redoubleroient si je lui di-

sois que la souveraine de ce vaste empire m'a permis de m'adresser à elle même pour la solution de plusieurs questions importantes, sur l'histoire de la Russie, & que de la main qui rédige des traités où sont intéressées les quatre parties du monde, elle a bien voulu tracer des réponses à mes questions sur l'état des peuples anciens de son empire, leur mœurs & leur langue. Son amour pour la nation qu'elle gouverne si glorieusement l'a engagée à se faire jour dans les ténèbres qui couvrent l'origine des nations du nord, trop dédaignées par la plûpart des savants. Il semble en lisant l'histoire qu'il n'y ait que des Grecs & des Romains, la généalogie des peuples nombreux qui ont conquis l'Italie & sont les fondateurs de la plûpart des empires modernes, est presque ignorée, la géographie des divers pays qu'ils habitoient inconnue.

Je ferais un volume, Madame, si je voulois rassembler tous les détails intéressants qui concernent la personne de l'Impératrice, en Vous adressant mes observations sur la Russie, je serai necessairement entraîné à Vous en parler encore, & je n'omettrai rien de ce qui peut Vous faire connoître, une personne qu'il seroit difficile de rencontrer dans toutes les classes, & qui est unique sur le trône.

P. S.

Je suis parti de Rome pour aller en Russie, & arrivé à St. Petersbourg, je songeois un jour à St. Pierre de Rome qui avoit excité mon admiration, j'avais vu l'Impératrice qui avoit fait naître en moi le même sentiment, l'idée me vint de comparer St. Pierre de Rome & Catherine II. qui avoient produit sur moi le même effet, je joins ici cette comparaison qui Vous frappera, je crois par la singularité, & par la verité des rapports.

Comparaison de St. Pierre
de Rome
avec Catherine II.

Saint Pierre de Rome est célèbre dans tout l'univers ; on s'en fait la plus grande idée, & cependant en approchant de ce superbe temple, on est encore surpris. La renommée a rendu Catherine II, célèbre dans tout l'univers, & on trouve en approchant de cette auguste souveraine qu'elle est encore au dessus de ce que la renommée en publie. Il n'est au monde peut-être, que St.

Pierre & Catherine , dont l'aspect
ne diminue pas le prix.

En entrant dans St. Pierre de
Rome la simplicité , la justesse des
proportions en font en quelque sorte disparoître la grandeur ; c'est en
parcourant ce temple, qu'on décou-
vre insensiblement son étendue. La
noble simplicité de Catherine II.
produit le même effet, c'est en ré-
fléchissant sur les événemens de son
règne glorieux, sur les obstacles
vaincus par son courage , c'est en
méditant sur les réglemens émanés
de sa profonde sagesse & de la bien-
faisance la plus éclairée , qu'on peut
juger de l'étendue de son génie, de

la grandeur d'ame, qui la caractérise.
St. Pierre de Rome réunit tous les
ordres de l'architecture ; Catherine
joint aux agrémens de la femme la
plus aimable, le courage & l'éner-
gie d'un grand homme.

St. Pierre inspire un respect religieux, il excite cette sorte de sensibilité qui nait de l'admiration & que
fait éprouver l'aspect de l'océan, celui d'un immense horison & de tous
les objets, qui semblent n'avoir pas
de bornes.

En paroissant devant Catherine
on éprouve le même sentiment; on
songe avec admiration, que son génie régit, éclaire, anime cent soi-
xante & dix dégrés du globe. On

se représente des millions d'êtres dif-
ferens par leur culte, leurs mœurs,
leur figure, soumis à une souveraine qui n'use d'un pouvoir absolu,
que pour le bonheur de tant de peuples.   St. Pierre de Rome est impé-
nétrable aux influences de l'air; on
n'éprouve dans son enceinte, ni les
chaleurs de l'été, ni le froid de l'hy-
ver.   La trempe de l'esprit de Catherine est telle, qu'il n'est jamais aba-
tu par les revers, jamais ébloui par
les plus éclatants succés.

St. Pierre surpasse les plus beaux
monumens de l'antiquité, Catherine
est égale aux plus grands hommes
& supérieure à toutes les femmes
qui ont règné, elle égale la Reine

Elisabeth, dans la partie politique &
la surpasse pour les soins de l'administration intérieure.   Elle a le goût
des lettres, le savoir & l'esprit qui
ont rendu Christine, si célèbre mais
quelle différence, pour la force du
caractère, la constance & le juge-
ment!

Un voyageur qui auroit fait mil-
le lieues pour arriver à Rome, &
qui seroit obligé de partir, sans
avoir vu autre chose que St. Pierre,
ne devroit pas avoir de regret à ses
peines ; il en seroit de même s'il
étoit venu dans le vaste empire de
Russie & qu'il n'eut pu contempler
que *Catherine II.*